LE CANDIDAT MALGRÉ LUI

NOUVELLE HISTORIQUE

Tirée des récentes aventures politiques

DU

VICOMTE DE LA BRUNETIÈRE

Par Marius FERLAY

Rien n'est si dangereux qu'un ignorant ami,
Mieux vaudrait un sage ennemi.

VALENCE

IMPRIMERIE VALENTINOISE, PLACE SAINT-JEAN

1885

LE CANDIDAT MALGRÉ LUI

NOUVELLE HISTORIQUE

Tirée des récentes aventures politiques

DU

VICOMTE DE LA BRUNETIÈRE

Par Marius FERLAY

Rien n'est si dangereux qu'un ignorant ami,
Mieux vaudrait un sage ennemi.

VALENCE

IMPRIMERIE VALENTINOISE, PLACE SAINT-JEAN

1885

LE CANDIDAT MALGRÉ LUI

NOUVELLE HISTORIQUE

TIRÉE DES RÉCENTES AVENTURES POLITIQUES

DU

VICOMTE DE LA BRUNETIÈRE

I

CHEZ LE DÉPUTÉ

Par une froide soirée d'octobre, le député Galtier préparait un projet de loi sur l'émancipation de la femme, lorsqu'on vint lui annoncer la visite du journaliste Manuel.

— Faites entrer dans mon cabinet, dit-il.

— Sais tu, cher Manuel, que tu arrives fort à propos. Je n'attendais que la fin de mon rapport pour t'écrire. Décidément, tu es un envoyé de Dieu...

— Ou du diable, reprit aussitôt Manuel en esquissant un fin sourire.

— Je disais donc que ça ne pouvait mieux tomber, car j'ai à t'entretenir de choses qui te touchent de très-près. Depuis longtemps, n'est-ce pas, tu es en quête d'un fauteuil de député ?

— Bah Galtier, c'est vrai, mais cependant je ne suis tant pressé que ça !...

— Pourquoi ces réticences, farceur, entre nous ne cherchons pas de détours. Soyons francs... A quoi bon dissimuler... Enfin quoi, un petit siège au palais Bourbon te ferait plaisir.

— Eh bien !..

— Eh bien, j'ai trouvé ton affaire, parbleu !

— Ah ! ajouta Manuel, avec une expresssion qui laissait deviner la satisfaction qu'il éprouvait intérieurement. Et où cela ?..

— Dans l'Isère même.

— Tu veux rire, Galtier... Je ne vois pas de siège vacant dans ce département-là.

— Comment tu n'as pas deviné ?

— Mon Dieu non, comment veux tu que je devine. Il y a longtemps que j'ai donné ma langue au chat.

— Tu sais que nous aurons sous peu le scrutin de liste. Ferry me l'a promis et Waldeck l'a cautionné.

— Oui, je sais cela, à moins toutefois que quelque cabale ne renvoie encore ce projet-là aux calendes grecques, ferais-tu bien d'ajouter.

— Je réponds du vote, foi de Galtier. Tu sais aussi que cette loi attribue à notre département un représentant de plus.

— Ah ! J'y suis maintenant. Tiens, c'est vrai, me voilà casé. C'est bien là mon affaire...

— Patience, mon ami. Il y aurait danger pour toi à t'aventurer sur ce terrain sans pratiquer au préalable une reconnaissance. Le nihilisme non content d'infester la Russie, de miner le trône de ses Czars, d'attenter aux jours des souverains du monde, n'est-il pas venu s'implanter encore dans ma circonscription et menacer mon siège même de député.

— Mais que me dis-tu là Galtier. C'est une bonne plaisanterie...

— Pas le moins du monde très-cher. C'est très-sérieux.

Un jeune conspirateur, le fils du vicomte de la Brunetière,
chaud partisan du nihilisme et sans doute un de ses affiliés,
vient de mettre le feu aux poudres dans mon arrondissement. Son père, conseiller général du canton de Marcellin-
sur-Cumane, a favorisé le mouvement et je crois fort qu'il
serait prudent de notre part de nous débarasser de ces
dangereux personnages. Il n'y a pas péril en la démeure,
mais il est bon de le faire au plus tôt. Vois-tu Manuel, il
faut compter avec ces gens-là. Veux-tu me prêter ton
concours ? Il me sera précieux et à nous deux la besogne
se réduira à fort peu de chose.

— Mon cher Galtier, parle, je suis ton homme.

— Je savais bien que je pouvais compter sur toi. Le prix
de tes services, je te le répète, sera un fauteuil de député.
Mes collègues, à qui j'ai fait part de mes intentions à ce
sujet, ont vu la chose de très-bon œil. Ce n'est qu'une
affaire de temps. Peut être sera-ce bientôt, car, si j'en
crois certain bruit de couloir, les ministres seraient décidés
à demander la dissolution de la Chambre. Conseiller municipal de Paris, c'est bien quelque chose, mais député...
député, mon ami... çà, c'est un véritable titre...

— En effet, Galtier, je comprends. Ce n'est pas que
j'ambitionne cette place, mais enfin cela pose toujours...

— Certainement, certainement, je le vois bien pour moi.
J'étais d'ailleurs de l'étoffe dont on fait les députés. C'est si
beau de pouvoir au besoin se draper dans son immunité
parlementaire et dire avec orgueil à son épouse : « Madame,
je suis inviolable !... » Et puis... on voyage à l'œil, à l'œil,
entends-tu, sans compter tous les autres privilèges...

Galtier se sentait décidément maître de la position. Cet
homme était à lui ; il ne s'était point mépris sur le caractère
et les sentiments de l'ami dont il comptait faire son agent.
Après un instant de silence, il reprit :

— Arrivons au fait. Un banquet maçonnique s'organise à Furens pour le 5 du mois prochain, c'est-à-dire dans 8 jours. Là, il n'y aura que les frères et amis qui seront conviés. Nous pourrons, par conséquent, nous en payer à l'aise, toi surtout Manuel, parce que tes paroles ne paraîtront nullement préméditées. Originaire du grand village, ta présence ne laissera rien supposer de malveillant. Tu auras soin de glisser quelques paroles un peu dures pour mes électeurs dans un discours auquel tu donneras le caractère de l'improvisation et de leur reprocher leur attitude dans la récente élection au conseil général. Le vicomte est très-susceptible, je le connais et dès qu'il aura eu connaissance de ton allocution, il ne tardera pas à donner sûrement dans le piège... Il me semble le voir déjà pris dans la souricière....

Tu es un grand homme, Galtier. Si tu étais ministre, au moins toi, tu ne te ferais pas rouler par un vulgaire Tseng, continua Manuel. Sois tranquille, ami, je saurai jouer mon rôle. Tu seras content de Manuel. Mais, dis-moi, qu'est-ce donc que ce fameux vicomte de la Brunetière ?

— Oh ! un ancien serviteur de l'empire, un de ses courtisans...

— Cela me suffit. Nous aurons beau jeu, exclama Manuel. Au besoin, mon épée aura facilement raison du bonhomme.

— Je savais bien qu'il n'était pas besoin de mettre à l'épreuve ton courage et ta bravoure, interrompit Galtier. Donc, c'est convenu, pour lundi, rapide de 8 heures à St-Lazare.

— C'est arrêté, Galtier, adieu.

— Au revoir, futur collègue.

Ce dernier mot parut ne point déplaire à Manuel. Les

deux acolytes échangèrent une rapide poignée de mains et allaient se séparer lorsque Manuel reprit :

— Nous avons oublié un point...

— Lequel, s'il te plait ?

— Il s'agit de savoir qui narrera l'incident au vicomte.

— Cela est prévu, cher. Mon ami La Guille se chargera de cette mission.

C'est bien, adieu.

Resté seul dans son cabinet, Galtier exultait de se voir servi à souhait dans ses prévisions. J'ai trouvé un disciple qui sera digne du maître, se dit-il à lui-même. Allons, mon règne n'est pas prêt de finir. Avec un tel homme, je puis aller loin.

Ce plan était, il faut en convenir, des mieux conçus. Galtier avait su habilement cacher son jeu pour gagner Manuel à sa cause, car lui-même ne se faisait point illusion sur le sort qui lui était réservé, s'il ne parvenait pas à se débarrasser du dangereux vicomte.

M. de la Brunetière avait su, en effet, conquérir toutes les sympathies des habitants de Marcellin-sur-Cumane. Son expérience acquise par une laborieuse carrière au service de son pays, son dévouement, ses ressources étaient souvent mis à contribution par toutes les classes de la société, sans distinction de parti et d'opinion. Il se prêtait à toutes ces exigences avec une humeur toujours égale et un désintéressement rare.

Jamais vie ne fut plus accidentée, plus féconde en incidents de tous genres que celle du vicomte de la Brunetière. Après de pénibles débuts dans la vie, il fût nommé, lors de la Révolution de février 1848, commissaire du gouvernement provisoire dans sa ville natale.

Le tact qu'il apporta dans l'accomplissement de ses fonctions et l'esprit d'équité dont il ne se départit jamais, pendant une période difficile, appelèrent bientôt sur lui l'attention du gouvernement, qui reconnut dans ce jeune homme de solides qualités qu'il convenait d'utiliser.

La carrière diplomatique lui étant ouverte, il y fit brillamment son chemin, servant toujours son pays en homme de cœur. En 1870, nous le retrouvons consul général, à Alexandrie. C'est là qu'il nous montra qu'il avait hérité des mâles vertus de son père et que le sang du héros d'Alméida bouillonnait dans ses veines. Grâce à sa courageuse attitude, même dans les jours de deuil, le drapeau français fût toujours respecté. Sa vaillante conduite, qui avait excité l'admiration même de nos ennemis, lui valut, plus tard, le poste important de ministre plénipotentiaire de première classe à Pékin. Là encore, il rendit d'utiles et importants services à nos nationaux.

Après sa retraite, qu'il dut arracher à un ministre qui ne voulait à aucun prix se séparer d'un collaborateur aussi distingué et aussi précieux, il vint demander à cette terre hospitalière du Dauphiné qui l'avait vu naître, un repos bien légitime. Il se fixa à Marcellin-sur-Cumane. C'est là que nous le retrouvons, qu'il vit encore aujourd'hui entouré de l'estime et de l'affection de ses compatriotes. Ce beau vieillard n'a rien perdu de ses forces viriles ; le poids des années n'a point altéré sa sérénité d'âme et plus que jamais il s'applique à être utile à tous.

On comprendra facilement que cet homme ait pu porter ombrage au député Galtier et que ce dernier se fût effarouché de voir une popularité grandir au détriment de la sienne.

Il sentait si bien son infériorité, qu'il avait dû s'assurer le concours de Manuel, qui lui fournirait un appoint de forces qui n'était pas à dédaigner. Médiocre avocat au barreau de Marcellin-sur-Cumane, Galtier s'était présenté aux électeurs de son arrondissement avec un bagage à son actif qui eût été trouvé bien léger, si le nom de son père n'avait donné du poids et fait pencher la balance.

On leur a parlé de sbires de l'empire, de proscrits, de prisons, de chaînes et de fer, de paille humide, de noirs cachots à ces braves électeurs et ils ont été touchés. Le tour était joué. Ils venaient d'acclamer une fois de plus le principe de l'hérédité.

Galtier espérait donc procéder encore par finesse ; c'est dans ce but qu'il avait eu, avec Manuel, le long entretien que nous avons rapporté.

Ce dernier, ardent polémiste, non sans valeur, avait de bonne heure embrassé la carrière du journalisme. Il avait fait ses débuts sous la Commune de Paris. C'était alors le type du gamin altier, à l'esprit gouailleur qui ne demande qu'à produire. Après les événements qui suivirent et vinrent mettre fin aux brigandages de ces érostrates modernes, qui se gorgeaient d'atrocités dans Paris, le jeune Manuel dut s'esquiver en Belgique, pour ne pas s'exposer à moisir dans Sainte-Pélagie.

L'amnistie nous le ramena triomphant et ses idées jadis subversives s'étant quelque peu modifiées, il ne tarda pas à conquérir une certaine notoriété dans son arrondissement municipal qui l'envoya siéger à l'Hôtel-de-ville. L'amitié de Gambetta le réhabilita complètement et fit oublier ses errements de jeunesse. Malheureusement, le maître disparu, le disciple devait subir de fatales influences et redevenir sectaire.

Voilà l'homme dont Galtier rêvait de se faire un instrument. Avec un tel appui, se disait-il, je puis marcher en aveugle sans risquer de me casser le nez. Mais commençons par abattre le vieux, pensait-il, puis le tour de l'autre viendra.

Il avait peut-être raison de compter avec le fils du vicomte. Ce jeune homme lui était d'une supériorité incontestable. Après de brillantes études au lycée Louis-le-Grand, il se fit inscrire comme avocat à la cour d'appel de Paris. Laborieux, comme un bénédictin, il sut s'affranchir des soi-disant nécessités de la vie parisienne et échapper aux tendances funestes de la génération à laquelle il appartient. En dehors de ces milieux néfastes, il se consacra sans relâche à l'étude des questions les plus ardues, se fit attacher au ministère des affaires étrangères, où il prépare encore aujourd'hui les voies d'un avenir qui s'ouvre sous d'heureux pronostics.

Il se fit tout récemment connaître de ses compatriotes dans une conférence où chacun pût reconnaître son talent précoce et les qualités maîtresses qu'il venait de révéler. Ce jeune homme ira loin, s'écriait même un auditeur attentif et éclairé ; nous le verrons sûrement un jour à la tribune parlementaire et il y fera bonne figure.

C'est de ce jour que datent les sympathies pour ce jeune satellite qui au bout de sa révolution promet de devenir une étoile de première grandeur. C'est ce jour-là aussi que prit naissance, dans le cœur de Galtier, ce germe de haine qui ne devait pas tarder à acquérir son complet développement.

La lutte était désormais engagée ; l'un des deux adversaires devait succomber.

Au jour convenu, Manuel et Galtier quittaient Paris par le rapide pour ouvrir le feu et prendre l'offensive au banquet de Furens.

II.

UN BANQUET MAÇONNIQUE

Le 5 novembre, le petit village de Furens, si coquettement adossé au pied d'une colline baignée par la Fures qui lui sert de rempart d'un côté, offrait un aspect inaccoutumé. A entendre ce roulement de voitures et de somptueux équipages, à voir ces groupements de redingotes et d'habits noirs, c'était se croire transporté dans quelques faubourgs de grande ville, à la porte de quelque palais ou de salle de faculté.

Cependant, l'absence de toilettes féminines laissait deviner que le beau sexe avait été banni ce jour-là de la société de l'homme.

De nombreux groupes s'étaient formés et dans chacun d'eux un seul homme réunissait tous les regards, comme ces milliers d'astres qui rayonnent autour du soleil pour s'approprier quelque peu de lumière.

C'était une fête maçonnique; cet homme privilégié, c'était le vénérable.

Les francs étaient nombreux, et, parmi eux, on distinguait de jeunes imberbes aux sémillantes allures, des adultes à la mine joyeuse, des vieillards à la physionomie sévère et imposante comme ces sages de l'île de Crète qu'admirait Télémaque.

On pouvait notamment remarquer deux hommes qui se multipliaient d'une façon extraordinaire et se mêlaient adroitement à toutes les conversations. Leur activité fiévreuse permettait à première vue de lire sur leur figure quelle secrète inquiétude couvait dans leur for intérieur. Le premier surtout semblait en proie à quelque étrange préoccupation et les gestes saccadés qui accompagnaient chacune de ses paroles laissaient deviner l'état de névrosisme extrême dans lequel il se trouvait. Son visage s'était coloré de plus en plus et avait pris une teinte écarlate, tandis que celui du second demeurait impassible et ferme sous l'encadrement d'une bonne et épaisse chevelure.

Nos lecteurs ont reconnu Galtier et Manuel.

Galtier s'étant éloigné du cercle où il se trouvait, on vit tout à coup s'avancer vers lui un vieillard à longue barbe poivre et sel qui dissimulait sous de fortes lunettes bleues de petits yeux de lynx. Ses longs cheveux retombaient en boucles soyeuses à la curé d'Ars et son visage était coupé par un rictus qui paraissait vierge de sourire. Jusque là, il s'était tenu un peu à l'écart, observant tout sans souffler mot. Après quelques chuchotements, pour ne pas trop attirer l'attention, les deux interlocuteurs se séparèrent. Une poignée de mains accompagnée d'une légère inclination indiquait d'ailleurs assez clairement qu'ils s'étaient compris.

Quelques instants après, toute cette foule d'invités se pressait dans la vaste salle de l'hôtel de la Comédie, richement décorée pour la circonstance et chacun prenait place au banquet, dont la présidence fut dévolue au F∴ X.

Galtier s'y montra galant homme. Il étonna les francs par ses connaissances approfondies sur la question du droit des femmes, ses savantes dissertations sur l'expédition de Kroumirie agrémentées de récits contés avec une verve toute rabelaisienne qui faisait rire de bon cœur. Le crachoir lui était presque exclusivement dévolu et personne n'aurait osé lui disputer la palme. Lorsqu'il s'aperçut que son répertoire était sur le point d'être épuisé, d'un clignement d'yeux qui voulait dire « c'est temps, » il avertit Manuel qu'il pouvait commencer. Celui-ci ne se le fit pas dire deux fois. Le moment était d'ailleurs des plus favorables ; on était entre la poire et le fromage ; c'est l'instant psychologique, se dit-il en lui-même.

Ses premiers mots firent sensation. Cela se comprend aisément ; il parlait de démocratie à de vieux démocrates dont quelques uns avaient blanchi sous le harnais. Mais, par une transition savamment ménagée, il démasqua ses batteries et attaqua résolûment les électeurs du canton de Marcellin-sur-Cumane.

« Vous avez, leur disait-il, commis une trahison envers la République, en honorant de vos suffrages un ancien serviteur de l'Empire, ce régime à jamais maudit, à jamais exécré. » Encouragé par le regard de Galtier, constamment braqué sur lui, il termina ainsi : « C'est là plus qu'une défaillance, c'est une félonie ! »

Pauvres électeurs, comme on les fustigeait de la plus belle façon !

Pas une seule protestation ne s'éleva du sein de l'assemblée. Des applaudissemens éclatèrent, et, entre toutes les voix, on distinguait aisément celle de Galtier qui criait à pleins poumons : Bravo, Manuel ! Bien, très-bien ! Une véritable frénésie régnait dans la salle : c'était à qui louerait le talent oratoire de Manuel.... L'heureux folliculaire était en un mot l'objet d'une véritable ovation. De son côté, Galtier triomphait sur toute la ligne.

Le banquet fut suivi de nombreux toasts. Galtier porta la santé de Manuel qui avait, disait-il, compris le rôle de la démocratie et en avait si bien dépeint le caractère.

Il était fort tard lorsque les convives se séparèrent, emportant de cette fête un excellent et durable souvenir.

Coquelin n'est rien auprès de toi, disait Galtier à Manuel en se retirant. — Mais tu as fait merveille, cher ami. C'était parfait. Quel pied de nez pour ce pauvre vicomte. Ah ! sûrement, il ne s'attend pas à recevoir une pareille tuile. Quel déjeûner pour demain. Il en fera une maladie !...

Ces compliments flattèrent l'amour propre de Manuel qui parut fort bien s'en accomoder. Il savait d'ailleurs quel serait le prix de ses services.

Après une dernière entrevue avec La Guille, les deux amis regagnèrent Paris par le premier rapide.

III

MŒURS POLITIQES

Dès le lendemain dans la matinée, La Guille était introduit dans le cabinet de M. de la Brunetière.

— Quel heureux vent vous amène aujourd'hui, cher collègue, s'écria le vicomte en le voyant entrer ?

Ce coup de vent jeta comme un froid dans le dos à La Guille, qui s'avança néanmoins et pressa la main que le vicomte lui tendait.

Sa physionomie prenait diverses teintes et son cœur battait si fort qu'il faillit perdre l'équilibre et se contenter simplement de ne donner à sa visite aucune autre portée que l'affection qu'il témoignait à M. de la Brunetiére. Mais la vision de Galtier qui le menaçait de ses foudres et de sa colère lui fit retrouver courage. D'ailleurs, comment trouver une échappatoire ?...

Le malicieux vicomte s'aperçut de son embarras ; aussi vint-il au secours du malheureux naufragé.

— Eh bien, mon cher La Guille, vous paraissez fatigué, ce banquet vous aurait-il causé quelque indisposition ?... Vous ne me dites rien.

— Ah ! ne m'en parlez pas ; le souvenir de la journée d'hier me pèse !...

— Si ce n'est que le souvenir, reprit le vicomte, joyeux

de placer une bonne facétie, le mal n'est pas grave et vous n'avez pas à craindre de fausse digestion.

C'est un vrai quart d'heure de Rabelais que je passe en ce moment, pensa La Guille. Que diable suis-je venu me fourrer dans cette galère. Si j'avais encore un cordial pour me permettre d'aller jusqu'au bout...

— Mon cher vicomte, continua-t-il d'une voix chevrotante, il s'agit de toute autre chose que de ma personne. Ce malaise extérieur n'est autre chose que l'expression d'une âme indignée, de l'outrage fait indirectement à votre honneur et à votre considération.

A cette révélation, dite sur un ton ému et dont chaque mot avait été scandé, M. de la Brunetière se sentit blessé profondément comme si la pointe acérée d'une flèche eût transpercé son cœur. Il regarda en face son interlocuteur, avec cet air qui signifiait : « Achevez, Monsieur. »

La Guille estimant qu'il faut battre le fer pendant qu'il est chaud et encouragé par l'effet déjà produit ne fit pas attendre la suite de sa narration.

Figurez-vous, cher collègue, que ce polisson de Manuel, un journaliste, vous a grossièrement insulté vous et vos électeurs. Dans sa fougue, il est même allé jusqu'à traiter ces derniers de félons, de cléricaux, d'ennemis de la République, pour avoir « commis » une impardonnable défaillance en vous honorant du mandat de conseiller général.

— Décidément, c'en est trop, s'écria le vicomte indigné. Et personne n'a protesté contre ces infâmies ?

— Je me suis bien récrié, mais un tonnerre d'applaudissements a aussitôt étouffé ma voix. Que faire contre une meute de gens déchaînés contre nous.

— Votre devoir était tout tracé, Monsieur, c'était de vous retirer.

— Tiens, c'est vrai, mais l'idée ne m'en est point venue.

Il faut aussi tenir compte de la circonstance, car, à ce moment là, on était au dessert et vous n'ignorez pas, cher vicomte, que les idées ne sympathisent guère avec les vapeurs de champagne.

La Guille, déconcerté au début, avait peu à peu repris toute son assurance ; il cherchait d'ailleurs à éviter le regard courroucé de M. de la Brunetière et se renfermait en lui-même comme pour se complimenter sur la façon dont il venait de jouer son rôle.

Il y eût un instant de silence, puis, peu après, le vicomte mit brusquement fin à cette entrevue par ces mots qui indiquèrent à son visiteur qu'il était temps de se retirer.

— C'est bien, Monsieur La Guille, je vous remercie de la communication que vous venez de me faire , je connais maintenant mon devoir et je saurai le remplir jusqu'au bout.

La Guille comprit qu'il eût été maladroit de sa part d'insister. Il protesta de nouveau de son dévouement, salua et sortit, non sans éprouver au fond du cœur un remords comme Judas lorsqu'il eût trahi le Christ.

M. de la Brunetière connaissait peu Manuel. C'était la seconde fois seulement qu'il venait d'entendre parler de ce journaliste parisien, qui traitait avec tant de désinvolture ses électeurs de félons et de traîtres. S'il eût reconnu là l'auteur du « Grand village, » cette œuvre sotte et méchante, ce pot-pourri de dénigrements ; s'il eût, dis-je, cru rencontrer là l'écrivain qui a poussé l'impudeur jusqu'à remuer au fond d'un cercueil les restes d'un aïeul pour en faire exhaler la pourriture, assurément il eût de suite modéré son emportement et dédaigné des injures qui ne pouvaient atteindre ni sa personne, ni le corps électoral.

Mais il ignorait tout cela et, cédant à la vivacité de ses sentiments personnels, en proie à une irrésistible émotion, il se hâta d'écrire à Manuel pour lui demander, soit une rétractation, soit une réparation par les armes.

Il faisait ainsi le jeu de ses adversaires et s'engageait imprudemment dans le traquenard qu'on lui tendait. C'eût été cependant le cas de se servir de ces procédés qui lui réussissaient si bien avec Messieurs les Chinois !.. Disons toutefois que nous trouvons-là une excuse bien légitime qui ne peut qu'honorer l'homme qui agissait sous l'influence d'un tel mobile : il est dur, en effet, pour celui qui, pendant plus de trente ans, a fait respecter sur la terre étrangère le pavillon français et cela même dans les moments les plus difficiles, de souffrir un outrage au principe le plus cher de nos institutions démocratiques, le suffrage universel.

Ses ennemis ne s'étaient certainement pas élevés eux-mêmes à la hauteur de ces considérations d'un ordre psychologique et au fond, disons le mot, s'ils n'avaient pas — à proprement parler — visé personnellement le vicomte dans leur requisitoire de Furens, ils savaient bien du moins que celui-ci se sentirait atteint comme par le choc en retour.

M. de la Brunetière était donc bien décidé à se constituer le vengeur du suffrage universel et à risquer sa vie pour ceux-là même qui lui avaient donné un témoignage éclatant de leur confiance. Son père n'avait-il pas vingt fois, sur les champs de bataille, offert généreusement son sang à la patrie. Pourquoi donc ce même sang eût–il dégénéré ?

Ce que le vicomte avait le plus à cœur, c'était d'éviter tout bruit autour de cette affaire dont l'issue pouvait devenir fatale et plonger dans le deuil sa famille déjà douloureusement affectée. Une tombe venait, en effet, à peine de se couvrir de terre, arrosée par les pleurs de pauvres orphelins tendrement aimés. Rouvrir une plaie à peine fermée, c'eût été cruel de la part d'un père !

Réflexion faite, M. de la Brunetière retarda quelque temps l'envoi de la lettre qu'il se proposait d'adresser à Manuel. Voici le pourquoi : Dans le duel qui paraissait inévitable, il fallait bien admettre cette hypothèse que peut être il serait tué, et prévenir les funestes conséquences qui pourraient résulter de cet événement ; aussi résolut-il de prendre toutes ses dispositions comme s'il eût dû succomber.

A cet effet, il rédigea une déclaration qu'il soumit à la signature de chacun de ses enfants, afin de dispenser, le cas échéant, M. le Juge de paix du canton de Marcellin-sur-Cumane de toute apposition de scellés, formalité indispensable en cas de mort, étant donné que, parmi ses héritiers naturels, figuraient des absents et des mineurs.

L'envoi de cette pièce au divers membres de sa famille éparpillés sur divers points de la France et de l'étranger prit du temps, comme on le pense bien, et ce ne fut qu'au bout d'un mois qu'elle lui revint signée par tous, tout humide encore des pleurs qu'elle avait fait verser.

Dès la réception du précieux papier, le vicomte adressa à Manuel la lettre qu'il avait écrite sous la première impression du rapport de La Guille. Il mit de l'ordre dans toutes ses affaires et se tint prêt à partir pour la capitale.

Tout ces faits s'étaient, depuis quelques jours déjà, ébruités dans la ville de Marcellin ; dans les cercles et les cafés, on ne s'entretenait plus que de l'incident de Furens et les commérages allaient leur train. Chacun l'interprétait à sa manière et formulait son appréciation. « Il doit y avoir du Galtier, là-dessous, s'écriait Argus, un des plus intraitables démocrates de l'endroit. Tout ça ne fera rien de bon. »

En attendant, le vide se faisait autour de M. de la Brunetière. Tout les fidèles de la veille se tenaient à l'écart afin d'éviter toute compromission. Les uns escomptaient sa succession ; d'autres pronostiquaient sur l'issue de cette affaire qui pouvait avoir des suites fâcheuses ; d'autres enfin, se faisaient gorge-chaude de l'aventure, fort plaisante, ajoutaient-ils, fort plaisante.

La voilà bien cette foule courtisane et méprisable qui se presse autour du bienfaiteur pour l'aduler bassement tant que la fortune lui sourit, mais qui, du jour où elle lui suscite des embarras, disparaît comme par enchantement dans la coulisse et l'abandonne à son malheureux sort. C'est là le portrait de cette méchante bête qui ne s'avançait en rampant au pied de son maître que pour mieux réussir à le tromper et à l'étouffer.

Cet isolement du vicomte lui fut cruel. « Est-ce donc ainsi que ces gens-là comprennent l'honneur, se disait-il à lui-même. Eh bien, je ne les exposerai pas à de nouvelles injures à cause de moi. » Désormais, sa résolution était prise et sa conduite toute tracée.

Transportons-nous quelques instants à Paris et voyons un peu ce qui se passait chez Manuel, à la date du 8 décembre.

La séance de la Chambre des députés venait de finir, lorsque Galtier se rendit aussitôt après chez Manuel pour se concerter avec lui, à l'effet de nouer quelque nouvelle intrigue contre le vicomte que l'incident de Furens n'avait pu émouvoir, disait-il.

— Eh bien, rien encore, s'écria-il en entrant ?

— Rien, répondit Manuel, d'un air attristé.

— Ça ne mord pas, diable, tout est à recommencer.

— Cependant, Galtier. tu m'avais tant prédit que tout irait comme sur des roulettes, pour me servir de ton expression.

— C'est vrai, mais je suis tout porté à croire, que ce misérable La Guille nous a indignement trompés et que c'est une créature du vicomte.

— Et s'il avait tout dit à M. de la Brunetière, cela pourrait bien tourner au tragique pour nous. Qu'en penses-tu, Galtier ?

— Non, non, cela est impossible. Je connais La Guille ; c'est un pur ; maintes fois il m'a donné des preuves de sa fidèlité et de son attachement, et laisser planer sur lui, voire même l'ombre d'un soupçon, ce serait méconnaître ses services passés et payer d'ingratitude un dévouement cent fois mis à l'épreuve.

— Tu redeviens vertueux, Galtier; allons, allons, conviens que ton plénipotentiaire ne payait pas de mine, reprit Manuel, sur un ton goguenard.

Son gros rire sardonique souligna cette plaisanterie qui parut de mauvais goût au député. Celui-ci allait répliquer, lorsqu'un valet de chambre introduisit, dans le cabinet, le facteur du quartier, lequel avait à remettre un pli chargé à Manuel.

— Qu'est-ce que ça peut bien être? s'écria le journaliste, en examinant de près l'enveloppe fermée par un cachet de cire noire ? Tiens, des armoiries, c'est assez drôle !...

— Des armoiries, répéta Galtier, si c'était au moins celles du vicomte... D'un mouvement convulsif, il saisit la lettre, ayant comme un pressentiment que ce qu'il venait d'avancer était vrai.

— Mais, c'est cela, c'est cela, continua-t-il aussitôt après. C'est le blason du vicomte, je le reconnais, c'est bien la même écriture...

Galtier ne se possédait plus et, dans son exaltation, dépassant pour une fois les bornes de la civilité, au grand épatement de son compère qui demeurait interdit, il brisa le cachet et lut à haute voix la lettre suivante :

« Monsieur,

« J'ai appris que, dans la réunion des francs-maçons, qui
« a eu lieu à Furens, au commencement de ce mois, vous
« auriez dit : « Que les électeurs du canton de Marcellin-
« sur-Cumane avaient commis une défaillance en me nom-
« mant membre du conseil général de l'Isère. »

« Je n'ai pas à rechercher ici ni le motif qui m'a valu
« cette attaque, ni sous l'inspiration de qui elle vous a été
« dictée ; mais si vous avez prononcé les paroles qu'on
« vous prête, je ne saurais permettre à personne d'insulter
« les 2535 électeurs sur 2586 votants, qui m'ont honoré
« de leur vote, et je viens vous prier de m'en rendre raison
« les armes à la main. »

« Si vous devez revenir avant peu, j'attendrai ; dans le
« cas contraire, je me rendrai à Paris aussitôt, qu'après
« votre réponse, j'aurai réglé mes affaires .. »

Veuillez agréer, etc.

« Vicomte de la BRUNETIÈRE. »

Bravo Manuel ! bravo ! s'écria-t-il après avoir terminé sa
lecture. Et se redressant sur son séant comme un homme
fier de ses promesses, il ajouta :

— Ne t'avais-je pas dit que mon ami La Guille était
incorruptible ! Je ne l'aurais jamais cru aussi fin diplo-
mate.....

— Je dois l'avouer, tu as eu du flair en le choisissant,
riposta Manuel. Le proverbe est vrai : « Il ne faut point
juger les gens sur l'apparence. Celui-là, par exemple, m'a
trompé !...

— C'est tout le contraire qu'il faudrait dire..... Mais
brisons-là ces saillies, ami ; le temps presse et nous n'avons
pas une minute à perdre, entends-tu ? Il te faut sur-le-
champ répondre au vicomte que tous les faits relatés dans

sa lettre sont d'une parfaite exactitude et que tu en acceptes toute la responsabilité. M. de la Brunetière est maintenant engagé, il ne peut reculer ; il te faut l'acculer au pied du mur... As-tu de la chance de conquérir à si peu de frais un siège de député !

— Député, je serai député, murmura gravement Manuel... si cela pouvait être !...

— Comment, tu doutes encore ?

— Et oui, je doute, reprit avec vivacité Manuel. Pourquoi ne douterais-je pas ? Toutes ces machinations à quoi aboutiront-elles ? A un coup d'épée et tout sera dit. La flèche pourrait bien se retourner contre nous ; prenons-y garde...

— Ton langage me surprend de plus en plus. J'avais cru un instant à ton courage, mais je m'aperçois que tu es de ces gens qui aiment bien à trouver la besogne faite. Frère ingrat, je t'aimais ; j'avais songé à toi, à ton avenir, mais je plaçais bien mal mon espoir. Je croyais à ton étoile et je la vois pâlir à son lever... Ce sang impétueux, qui faisait des prodiges au lendemain de Sédan, se serait-il donc figé dans tes veines ?

Ces paroles produisirent sur Manuel l'effet d'une commotion électrique. Il bondit de son siège, comme s'il eût été soulevé par un puissant levier ou mu par quelque ressort invisible, et se tournant vers Galtier.

— J'ai peut-être tort, dit-il, mais cependant il faut être juste, ami. Si j'ai montré un instant de faiblesse, je suis tout prêt à réparer ma faute, mais si j'arrive à te prouver que cette faiblesse, que tu serais porté à qualifier de lâcheté, s'identifiait avec la prudence, assurément tu regretteras d'avoir mis tant de fiel et d'amertume dans ton langage. Eh bien, je maintiens mes dires : le vicomte ne démissionnera pas et si les électeurs s'en mêlent, cela ira mal pour nous. Me comprends-tu maintenant ?

Galtier allait répliquer lorsqu'un valet de chambre entra pour lui remettre une dépêche.

— Un télégramme, à cette heure, exclama le député ; c'est assez surprenant... Il décacheta de suite et lut :

« Vicomte a démissionné irrévocablement. Tout va au gré de vos désirs. »

« MARQUISET ».

— Hein, douteras-tu maintenant, incrédule endiablé, s'écria Galtier en tendant le papier à Manuel, après en avoir savouré le contenu ? Ce cher et tendre Marquiset, comme il s'est empressé de nous annoncer la bonne nouvelle !...

Manuel était confus et comme abasourdi par ce télégramme imprévu. Il ne pouvait en croire ses yeux ; cependant je n'ai point la berlue, pensait-il. Sortant tout à coup de son apathie, il tendit la main à Galtier en lui disant ces simples mots :

— Tout est oublié, n'est-ce pas ?

Son sourire diabolique revint aussitôt sur ses lèvres et son regard vif et pénétrant se dirigea sur Galtier comme pour scruter sa pensée...

Celui-ci donna immédiatement quelques indications à Manuel qui écrivit sans désemparer sa réponse au vicomte dont voici le texte :

« Paris, ce 8 décembre ».

« Monsieur,

« J'ai reçu la lettre de date ancienne que vous m'avez
« adressée et j'ai vu la provocation longuement réfléchie
« qu'elle contient. C'est un envoi assez singulier, Monsieur ;
« et vous avez tort de croire que je m'occupe de votre
« personne qui m'est absolument indifférente.

« Mais certainement, Monsieur, j'ai dit au banquet de

« Furens ce que j'avais proclamé cent fois auparavant et
« ce que je répèterai souvent encore : Non, il ne faut ad-
« mettre dans les rangs des républicains aucun des hommes
« qui ont servi sous les tyrans, et un électeur se rend indi-
« gne du titre de républicain s'il mêle son vote à des bulletins
« réactionnaires et cléricaux, en faveur d'un de ces hommes-
« là. »

« Certainement, Monsieur, j'ai dit à Furens qu'il était
« regrettable que les républicains de Marcellin-sur-Cumane,
« en possession de la majorité, aient laissé passer un ancien
« serviteur de l'Empire.

« Vous me prêtez l'expression « commis une défail-
« lance. » Je n'ai pu, Monsieur, l'employer, parce qu'elle
« n'est pas française, mais j'ai dû me servir d'une expres-
« sion analogue, probablement plus forte, parce que si
« quelques républicains ont, par hasard, voté pour un
« ancien serviteur de l'Empire, ils ont fait plus qu'avoir
« une défaillance, ils ont commis une trahison envers la
« République. »

« Je n'ai pas à savoir, Monsieur, si vous avez mérité
« ou démérité, j'ai encore moins à vous juger et à deman-
« der des renseignements sur votre compte : Je n'ai pas à
« vous connaître. Vous vous faites le vengeur de vos 2500
« électeurs, Monsieur ? Voilà une nouveauté à introduire
« dans la vie politique. Mais je ne me suis jamais adressé
« à vos 2500 électeurs, puisque c'est aux électeurs répu-
« blicains que j'ai crié : Quand vous votez pour un homme
« qui a servi l'Empire, vous commettez une félonie. »

« De votre côté, Monsieur, ne vous gênez pas. Vous
« pourrez dire, par exemple, en parlant de moi, que celui
« qui a combattu l'Empire, battu ses sergents de ville et
« brisé les portes du corps législatif impérial, le 4 septembre,
« a besoin de dix pages d'auto-biographie pour justifier
« qu'il est républicain. »

« C'est là de la polémique d'opinion, polémique que vous
« apprendrez, Monsieur, quand vous aurez suffisamment
« oublié l'autoritarisme impérial, pour pratiquer la libre
« discussion républicaine.

« Maintenant, si vous voulez m'envoyer vos amis, je les
« recevrai avec plaisir. »

« J'ai l'honneur, Monsieur, de vous saluer. »

« MANUEL. »

Bien, très-bien ! c'est cela, accentua le député en prenant
connaissance de la prose de Manuel. C'est un peu caustique,
mais c'est ce qu'il faut. Tu as trouvé la note juste... C'est
impossible de se méprendre sur le véritable caractère et la
portée de cette lettre... Marquiset, d'ailleurs, nous tiendra
au courant de tout. Adieu. Je vais complimenter La Guille
à qui nous devons en partie le succès de la bataille...

Galtier prit congé de Manuel et se retira heureux comme
Titus d'avoir si bien rempli sa journée.

Dès la réception de l'insolente missive, M. de la Brunetière vit bien qu'il s'était fourvoyé et que, sous la peau de
Manuel, se dissimulait une autre figure qui ne pouvait lui
pardonner sa popularité.

Mais il était trop tard pour reculer ; le coup était porté
sans remède, et vouloir en parer l'effet, c'eût été faire le
jeu de ses adversaires et donner lieu à de sévères commen-
taires de la part de ses électeurs.

Dans les deux alternatives qui s'offraient à lui, il n'avait
plus à hésiter. Le ton arrogant du journaliste parisien ne
laissait subsister aucun doute sur ses véritables sentiments
et rendait tout arrangement impossible ; le mieux était d'en
définir au plus tôt.

Il dut en coûter au vicomte, un vieillard, d'aller s'abou-
cher avec un homme qui n'était ni de son âge, ni de sa

condition et croiser le fer avec un insulteur qu'il aurait dû
ne traiter que par le mépris.

Sa décision fût cependant bientôt arrêtée, car, dès le 9,
il écrivait à Manuel :

« Monsieur,

« Je reçois à l'instant votre lettre du 8 décembre.

« Je comprends d'autant mieux que ma personne vous
« soit complètement indifférente, que sans l'incident de
« Furens, j'aurais ignoré que vous étiez de ce monde.

« Nous ne sommes pas d'accord, Monsieur.

« Selon votre manière de voir, mon crime est d'avoir
« servi sous l'Empire ; d'après la mienne, la question n'est
« pas de savoir si un homme a servi sous les deux Répu-
« bliques ou sous l'Empire, mais si, sous ces gouverne-
« ments, il a servi loyalement la France, en y mettant tout
« son cœur et toute son intelligence.

« Si c'est un *homme* qu'il a servi, que cet homme soit
« empereur, roi ou président de la République, s'il l'a fait
« avec servilité, dans son intérêt, par calcul et avec une
« soumission aveugle et trop complaisante, c'est un mau-
« vais citoyen.

« Si, au contraire, il a servi avec une complète indé-
« pendance, refusant d'obéir à des ordres injustes, risquant
« sa vie et sa situation dans l'intérêt de son pays et de
« ses nationaux, il est digne, même sans avoir battu des
« sergents de ville, ni brisé les portes du Palais Législatif,
« des suffrages de ses concitoyens.

« Vous avez raison, Monsieur, on a une défaillance, on
« ne la commet pas ; mais j'avais tenu à vous rapporter
« exactement les mots dont s'était servi la personne qui
« m'a fait part de ce qui s'était passé au banquet de
« Furens .. »

« Je vous ai livré ma vie et indiqué les moyens de con-
« trôler tous mes actes, afin de vous permettre de me
« juger et de retirer les expressions blessantes que vous
« avez prononcées à Furens, au sujet de mon élection au
« conseil général. »

« Je regrette que vous ne l'ayez pas compris.

« Vous dites que vous ne vous êtes jamais adressé à
« mes 2500 électeurs et cependant vous les accusez d'être
« des réactionnaires et des cléricaux.

« Je ne suis pas ce qu'on appelle vulgairement un man-
« geur de prêtres, » mais j'ai certainement combattu plus
« efficacement que personne l'esprit clérical que je déteste
« autant que vous. Et si j'avais été réactionnaire et clé-
« rical, je n'aurais pas eu certainement l'unanimité des
« votants dans les dix-sept communes de mon canton... »

« Je persiste donc, Monsieur, à vous demander répara-
« tion de l'injure que vous avez faite à mes électeurs, en
« les accusant de « félonie » à propos de moi et je remets
« l'affaire entre les mains de mes témoins. »

« Votre post-scriptum me fait savoir que vous voulez
« faire du bruit autour de cette affaire, et que vous avez
« l'intention de publier ma provocation et votre lettre. A
« votre aise, Monsieur, bien que je le regrette à cause des
« miens, que ces publications peuvent effrayer ; je n'ai
« jamais eu recours à de pareils moyens pour me faire
« valoir. »

« J'ai l'honneur, Monsieur, de vous saluer.

« Vicomte de la Brunetière. »

En même temps, le vicomte adressait à deux de ses amis
de la capitale, M. le général Morel et M. Georges Lefèvre,
conseiller d'Etat, une seconde lettre pour les prier de vouloir bien accepter d'être ses témoins dans son affaire avec

Manuel, et de se mettre immédiatement en rapport avec ceux de ce dernier.

Le 17 décembre, dans la matinée, M. de la Brunetière quittait Marcellin-sur-Cumane, pour Paris, où il fût reçu par ses amis le lendemain même de son arrivée.

VI

LA CANDIDATURE OFFICIELLE

La nouvelle de la démission du vicomte fût assez sévèrement interprêtée à Marcellin-sur Cumane. La plupart des habitants blamèrent cette détermination précipitée, tout comme la conduite de Manuel.

Pourquoi dans un cas semblable ne pas se traduire soi-même à la barre du suffrage, puisqu'il jouit de la prérogative de grand juge ? S'il a eu des fluctuations inexplicables, des inconséquences absurdes, d'impardonnables défaillances, le suffrage universel, il faut en convenir, a eu aussi de bons mouvements, de sages arrêts qui font oublier ses travers de nouveau-né, et, dans ce cher Dauphiné, où il a toujours été bien inspiré, nul doute qu'il eût de suite fait justice des accusations malveillantes d'un publiciste parisien en veine d'injures.

Une seconde faute du vicomte c'était de déclarer sa démission irrévocable. Ce dernier mot était une imprudence, sinon une irrévérence envers les électeurs qui n'en pouvaient mais, dans la mésaventure qui lui arrivait.

Galtier seul se faisait gorge-chaude de tenir son homme dans ses lacs et s'ébaudissait de le voir si bien pris.

Sans aucun scrupule, il avait accepté d'être le témoin de Manuel dans son engagement avec M. de la Brunetière, dont il allait enfin se débarrasser et qui serait désormais dans l'impossibilité de lui nuire ; comme on le pense bien, il ne devait pas jouer là un rôle conciliateur.

A la suite d'une démarche qu'il fit auprès du ministre, le décret, fixant au 11 janvier le jour de l'élection au conseil général, avait été immédiatement signé.

Il ne restait plus que le choix d'un candidat sur lequel il puisse compter.

Je ne vois que Marquiset, se dit-il, réunissant les conditions voulues. Il vient de me donner encore des preuves de son dévouement, j'en ferai un conseiller général. Et, sur le champ, il lui fit part de ses intentions dans une longue épitre qui se terminait par ces mots : « J'irai et je vous soutiendrai. »

Marquiset, recevant cette assurance du député, qu'il lui apporterait son concours, éprouva une joie indiscible. Ses rêves allaient enfin se réaliser : il était mûr pour les grandeurs de ce monde et son heure allait sonner. Galtior avait enfin racheté pleinement à ses yeux son ingratitude, puisqu'il songeait à lui et lui donnait les meilleures espérances.

Dans la crainte que quelqu'autre candidat ne vint à surgir et prendre les devants, Marquiset ne perdit pas de temps. Il rédigea en toute hâte la profession de foi suivante, qu'il fit afficher dans toutes les communes du canton :

« RÉPUBLIQUE FRANÇAISE

« ÉLECTION D'UN CONSEILLER GÉNÉRAL

« *Pour le Canton de Marcellin-sur-Cumane.*

« LE DIMANCHE, 11 JANVIER 18..

« Chers concitoyens,

« M. de la Brunetière ayant donné sa démission et déclaré formellement que cette démission était irrévocable,

— je viens, encouragé par quelques électeurs du canton, solliciter vos suffrages pour vous représenter au conseil général.

« Vous me connaissez tous, j'étais l'ami du regretté M. d'Orsat, qui a été notre conseiller général de 1871 à 1884 et pendant tout le temps qu'il a été maire de Marcellin-sur-Cumane, j'ai été un de ses adjoints ; — Depuis le quatre septembre 1870, j'ai toujours fait partie de la municipalité de Marcellin-sur-Cumane, soit comme adjoint, soit comme maire.

« En politique, je veux un gouvernement républicain, progressif, marchant toujours en avant et donnant les réformes que le pays réclame :

« Economie dans les finances, diminution des impôts, diminution, surtout, des impôts qui pèsent sur la propriété, car nos campagnes ont perdu les récoltes qui autrefois en constituaient le principal revenu.

« Si j'étais honoré de vos suffrages, vous me trouveriez toujours prêt à appuyer vos justes réclamations et à défendre vos intérêts et ceux des communes du canton. Pour cela, je voudrais être en rapport fréquent avec vous, avec MM. les maires et conseillers municipaux, pour examiner ensemble les questions communales à défendre ensuite devant l'administration ou le conseil général.

« Vous pourriez compter sur tout mon zèle et mon dévouement.

« A vous maintenant, chers concitoyens, à vous de prononcer dans l'élection du 11 janvier, si vous me jugez digne de vos suffrages. »

« Vive la République !

« MARQUISET,
« Maire de Marcellin-sur-Cumane. »

Marquiset s'assura en même temps l'appui de son conseil et notamment des membres les plus influents pouvant disposer d'un certain nombre de voix et l'aider de leurs conseils.

Tandis que Manuel, dans son journal « *Les mauvaises nouvelles* », taillait des croupières au vicomte, la presse régionale, à l'instigation de Galtier qui avait donné le mot d'ordre, prenait fait et cause pour Marquiset et saluait sa candidature comme un heureux événement.

Le *Lyonnais républicain* terminait ainsi son article-réclame :

« ... Malgré les menées ténébreuses de quelques pseudo-républicains, l'honorable M. Marquiset l'emportera à une immense majorité. »

« Son élection est assurée. »

Le rédacteur Claudius, embouchant à son tour les trompettes retentissantes de la renommée et de la publicité, insérait dans le « *Républicain du Dauphiné*, » plus connu sous le nom de « Journal des mécontents », l'entrefilet suivant :

« Est-il besoin de faire des vœux pour le succès de M. Marquiset ? Sa candidature ne trouvera pas un adversaire parmi les électeurs du canton de Marcellin-sur-Cumane, qui ont vu M. Marquiset à l'œuvre, et qui ont pu apprécier ses remarquables aptitudes, en même temps que la fermeté de sa conduite politique, depuis que ses concitoyens l'ont investi d'un mandat électif. »

« L'élection de M. Marquiset est certaine. »

Un seul organe de la presse républicaine, le *Réveil de l'Isère*, s'exprimait sous une forme moins prétentieuse :

« Dans le canton de Marcellin-sur-Cumane, un seul candidat se présente : c'est M. Marquiset, maire de cette commune...

« Nous avons reproduit sa proclamation dans un précédent numéro. Rappelons cette phrase significative :

« En politique, je veux un gouvernement républicain progressif, marchant toujours en avant et donnant les réformes que le pays réclame... »

M. Marquiset *est donc* excellent républicain, il sera élu. Il n'a d'ailleurs pas de concurrent. »

Comme on le voit, la presse ne tarissait pas d'éloges.

Marquisait avait encore pour lui l'administration. Le vicomte n'était plus en odeur de sainteté à la préfecture, depuis certain jour où il avait molesté vertement le premier magistrat départemental ; aussi de ce côté-là pouvait-il se tenir tranquille : les bonnes grâces et les petites attentions ne lui feraient pas défaut.

Quant à ses collègues du canton, les devoirs de bonne confraternité s'imposaient, étaient de règle. Douze maires avaient déjà répondu à son appel ; un seul pouvait soulever des difficultés, mais un mot de Galtier le ferait taire et lui imposerait silence, s'il osait élever la voix.

Et puis Galtier allait arriver avec une ample provision de places et d'emplois à distribuer et semer à profusion ce bon grain administratif qui seul pouvait donner une ample moisson. « Disposez, disposez seulement, mes amis, leur écrivait-il de Paris, je pourvoirai à tout. Vous pouvez aller jusqu'à 40 bureaux de tabacs, 12 perceptions, 150 emplois dans les postes, télégraphes et chemins de fer, 10 places de concierge aux musées nationaux, 15 de directeurs des pompes funèbres, mais tenez-vous à ces chiffres, ne dépassez pas. »

Il obérait ainsi plusieurs ministères, qui n'avaient rien promis du tout. Mais cela produirait un excellent effet et coûtait si peu.

C'est ainsi que parfois ces procédés réussissent. Le paysan se laisse prendre à ces trompeuses amorces, comme le poisson de nos rivières à l'asticot que lui tend le pêcheur.

Lorsque le criminel de décembre extorquait le pouvoir et dictait ses volontés au pays en maître souverain, on sait le respect qu'il témoignait au suffrage universel !...

Alors, c'étaient les menaces, les intimidations, les remaniements de circonscriptions et autres canailleries... Il fallait piaffer dans ces masses populaires pour leur jeter aux yeux des éclaboussures et les désorienter, tout comme ferait un gamin qui piétinerait dans une mare, pour en troubler les eaux et faire une razzia de carpillons ! on était sûr après cela de trouver des gens dociles et complaisants, prêts à tout sacrifier pour obtenir un peu de repos, après tant de lassitude et de cahotements moraux.

Et toutes les sottises qui se commettaient, tous les actes abominables qui en résultaient, étaient plus tard jetés à la face de ce même peuple, comme un sanglant reproche : De quoi vous plaignez-vous, lui disait-on ? Mais c'est vous qui l'avez voulu ainsi ; c'est vous qui avez fait cela. Nous vous avions armés, il est vrai, mais il fallait faire un meilleur usage de votre arme...

O ! répugnants souvenirs !

Quinze années se sont écoulées depuis que ce régime fatal croulait sous le poids de ses hontes, entraînant avec lui le démembrement d'une portion de notre chère France, et nos mœurs sont sensiblement restées les mêmes...

Sans doute, il n'y a plus de ces bouleversements d'alors, ces impudiques agissements qu'on osait étaler au grand jour, ce despotisme officiel, qui pesait comme un lourd fardeau sur le pays tout entier ; mais la puissance occulte n'en existe pas moins, les menées secrètes passent encore par ces mêmes conduits qui nous faisaient horreur jadis, lorsque nous les envisagions froidement.

C'est dans les petites bourgades surtout, où les querelles de clocher prennent parfois d'effrayantes proportions, qu'il nous a été donné d'observer la chose de très près. Les forces républicaines, au lieu de se grouper autour d'un seul faisceau et de sceller leur pacte d'union par quelque fraternelle association, se divisent au contraire ; le fonctionnarisme se trie, les haines et les rancunes s'assouvissent ; d'où un affaiblissement préjudiciable à tous.

A quoi sert donc cette souveraineté populaire, si ce n'est qu'un vain mot dans notre législature nouvelle ? Pourquoi ne pas laisser le peuple libre dans ses choix et ses préférences ?

Que pouvait bien signifier l'intervention de Galtier dans l'élection qui nous occupe. Sa dignité de député eût-elle été compromise, s'il ne fut pas descendu de son fauteuil pour prêter main-forte à Marquiset ? Non, sa dignité lui commandait, au contraire, de demeurer à son poste, de laisser à ses électeurs toute leur liberté d'action.

Galtier ne le comprit point. Il quitta Paris, guidé par son intérêt personnel, pour prévenir, par sa présence à Marcellin-sur-Cumane, toutes entraves qu'auraient pu lui susciter quelques fomenteurs de troubles.

V

LE COMITÉ NOIR

Un jour, rapporte une vieille légende, un serviteur insulté

vint se plaindre à son maître et lui conter les violences dont il avait été l'objet de la part d'un propriétaire d'une terre voisine. C'est bien, répondit ce dernier, je te vengerai. Et, sur le champ, il se rendit chez l'agresseur pour le châtier de son insolence. Pendant son absence, que fit le serviteur ? Une razzia dans sa maison et disparut sans laisser d'autre trace que celle de son ingratitude et de sa malhonnêteté.

Cette légende, si ancienne qu'elle fut, pourrait encore, de nos jours, être vraie, mais nous laissons à nos lecteurs le soin d'en trouver eux-mêmes l'application.

Tandis que M. de la Brunetière, méticuleux sur un point d'honneur, hasardait sa vie pour effacer dans le sang l'outrage fait à ses mandants, les agents de Galtier usaient de toute leur influence pour circonvenir les électeurs et les gagner à la cause de Marquiset. La victoire semblait facile, puisque le terrain n'était nullement disputé.

Ainsi donc se préparaient les funérailles politiques du vicomte.

Les partisans de Marquiset ne se lassaient pas cependant d'être aux écoutes et de se multiplier partout où leur présence leur paraissait utile.

On attendait vainement qu'une protestation contre les agissements de Manuel émanât d'en haut, lorsque, soudain, on vit sortir de son obscurité un homme, comme une planète s'échapperait de son orbite, qui prît résolument en mains la défense d'une cause qui devait gagner bien des cœurs et réunir de chauds et fervents adeptes.

Cet homme, dont les cheveux et la moustache légèrement grisonnants accusaient la cinquantaine, était un curieux profil à étudier. Il passait, il est vrai, pour se nourrir de chimères et d'utopies, pour entretenir sans cesse des rêves excentriques ou de folles idées et cependant ceux qui examinaient de près ce fanatique sous sa rugueuse écorce ne tardaient pas à se désabuser et à reconnaître qu'à travers ce sombre extérieur émergeait un grand sens, je dirais presque une éloquence inculte. Avec cela, doué d'une indomptable énergie, trempé à l'école de la pauvreté et des dures épreuves de la vie, Argus était un de ces rares humains qui feraient généreusement le sacrifice de leur vie pour un principe.

On le tenait depuis longtemps en suspiscion et il était observé de près. Je dirais même qu'il était craint parce qu'on connaissait son caractère de fer ; ce qui n'empêchait pas de laisser supposer qu'on ne le prenait guère au sérieux.

Argus se heurta tout d'abord à des difficultés qui en eussent découragé cent autres. Sa première pensée fut d'organiser un comité. Il demanda des signatures, mais il n'obtint que des vœux.... Le premier de l'an était si proche !... Partout c'était la même et invariable réponse : « Mais oui, faites, nous vous soutiendrons, nous vous aiderons ; quant à signer, nous ne le pouvons pas ; vous comprendrez facilement nos raisons... Ta, ta, ta, puis un tas d'histoires à vous faire dormir debout. » Ecœuré de ce premier résultat, Argus ne perdit pas néanmoins courage. Il mesura ses forces et les estima suffisantes pour soutenir une lutte, malgré des chances de succès si inégales et hors de proportions.

Avez-vous un conseil à demander, vous trouverez toujours des docteurs sur votre chemin ; mais, s'il s'agit d'un service, s'il s'agit, dis-je, de payer de sa personne, vous vous exposez fort à faire d'inutiles recherches et à perdre votre temps.

Si notre époque est affligée d'une grande plaie, l'indifférence, à quoi faut-il l'attribuer ? A l'absence de convictions chez beaucoup de gens, aux tendances funestes qui font négliger l'éducation première chez l'enfant. Aujourd'hui, en effet, on ne s'applique plus à inculquer dans l'esprit du jeune homme ces notions élevées du vrai et du bien et à détruire ce germe inhérent à sa nature qui le pousse insensiblement vers la pente du vice et qui, à mesure qu'il grandit et se développe, le fait l'esclave de mobiles intérressés, de pernicieuses influences. Ce qu'on néglige surtout, c'est la culture du cœur qui finit par s'atrophier et étouffer les sentiments généreux, dont il contient la source féconde.

Voilà l'origine de ce mal qui cause de si profonds ravages dans notre société française. La passion succède à la raison, l'oisiveté au travail, l'incurie au mérite et ce cri glorieux de nos ancêtres de 1789 « Au plus digne, » n'est plus qu'un leurre. Il y a là, dans ces divers éléments, une connexion intime avec le règne de la bête.

C'est aujourd'hui que le philosophe aurait raison de s'écrier : « Je cherche un homme et je n'en trouve point. »

Argus se trouvait donc seul, livré à ses seules ressources, soutenu par la seule pensée de la grandeur de la cause dont il allait se faire le champion.

Ce n'était certes pas un aigle, non, simplement un prolétaire doublé de ténacité et de persévérance.

Ses adversaires politiques ne lui ménageaient ni leurs railleries, ni leurs sarcasmes, affectaient même de le tourner en ridicule, mais cela lui était bien égal : « Rira bien qui rira le dernier », disait-il gravement, et il n'en poursuivait pas moins sa tâche avec une ardeur effrenée.

Ils auraient dû cependant compter avec cette « quantité négligeable », ainsi que la suite le démontrera.

La cause était belle à soutenir et quand on se bat pour le bon combat, on finit toujours par recruter des combattants. C'est ainsi qu'Argus rencontra un lieutenant dans Barbaroux, dilettanti distingué, qui s'honore de faire partie actuellement de la première musique de France, de cette société d'élite qui a nom « la Garde Républicaine », un conseiller dans le légiste Balluron, un secrétaire dans le jeune basochien de Serres.

Tout d'abord, ces personnages, qui papillonnaient autour de lui, n'inspirèrent qu'une demi confiance à Argus, qui crut voir là quelques espions de Marquiset ; il se rassura peu à peu et les accepta comme adjoints dès qu'il eût reconnu la sincérité de leurs offres de services.

C'est de ce jour-là que date l'existence de ce fameux comité noir, dont le role a été singulièrement exagéré, ainsi qu'il sera facile de s'en convaincre. Ce n'était ni un groupe de pseudo-républicains s'insurgeant contre un candidat, cher sans doute à quelque créature, ni même un groupe de fidèles se vouant à quelque saint, comme le prétendaient faussement certaines gens mal intentionnées, ayant tout intérêt à propager le mensonge et la calomnie pour le besoin de leur cause, mais un cercle d'amis s'armant pour la défense d'un principe sans animosité et sans parti pris.

La ligne de conduite du comité était toute tracée. Il s'agissait de faire un appel aux 2535 électeurs qui avaient une première fois donné leurs suffrages à M. de la Brunetière et cela quelques mois auparavant seulement.

Il le fit en ces termes :

« Aux citoyens électeurs du canton de Marcellin-sur-Cumane,

« Citoyens,

« Notre honorable conseiller général, M. de la Brunetière, après une polémique engagée avec le sieur Manuel, publiciste à Paris, à la suite de paroles offensantes pour ses électeurs, prononcées par ce dernier, dans un banquet à

Furens, s'est cru obligé, par un excès de délicatesse, de donner sa démission.

« M. de la Brunetière a voulu relever l'injure qui nous a été faite ; à nous maintenant de faire notre devoir en approuvant sa conduite et en démontrant aux quelques ambitieux qui ont noué l'intrigue et lâchement abandonné celui qu'ils auraient dû soutenir, que c'est avec pleine connaissance de cause que les 2535 électeurs du canton ont donné leurs suffrages à M. de la Brunetière, et qu'il sied mal à un personnage, fût-il jeune et conseiller municipal, de venir faire la leçon et délivrer un brevet de civisme et de républicanisme à ceux-là même qui, les premiers sous l'Empire, envoyèrent siéger sur les bancs de l'opposition un député républicain. »

« Vous savez tous, citoyens électeurs, ce que M. de la Brunetière a fait pour notre canton, et ce qu'il peut faire encore, connaissant sa valeur, ses capacités, son dévouement à la chose publique.

« On vous a dit que sa démission était *irrévocable* ; vous répondrez à cela par ces mots : Nos suffrages aussi sont irrévocables !

« Citoyens, le 11 janvier prochain, fidèles à leurs principes, les 2535 électeurs déposeront tous dans l'urne le nom de M. de la Brunetière.

« Pas d'abstentions !... Citoyens, ne vous déjugez pas !

« Vive M. de la Brunetière ! Vive la République !

« Le Comité. »

L'effet produit par cette proclamation fut immense. Partout, sauf dans quelques communes où des circonstances fortuites en empêchèrent la publication, elle fût accueillie avec joie ; mais, pour être vrai, nous devons ajouter toutefois que beaucoup de gens n'en comprirent point la portée. L'œuvre du comité devait donc être celle-ci : Faire comprendre aux électeurs que bien que M. de la Brunetière ait déclaré que sa démission était irrévocable, l'honneur du corps électoral n'en demeurait pas moins étroitement engagé, et que le devoir d'un chacun était de maintenir son premier vote, lequel avait été émis librement et en pleine connaissance de cause.

Ce comité, en quelque sorte improvisé, ne pouvait assurément suffire à sa tâche, si l'on tient compte du grand nombre de communes dont se compose le canton, de leur éloignement du chef-lieu, et enfin du peu de temps qui le séparait du jour de l'élection. Mais il comptait sur le bon sens du paysan Dauphinois, ce paysan qui le premier se sentit renaître au souffle de la liberté, et qui tant de fois a donné des preuves de discernement et d'intelligence.

L'apposition de ce placard jeta la consternation dans le clan opposé, qui était loin de s'attendre à une pareille manifestation. Ça et là, on voyait errer, dans les rues de Marcellin-sur-Cumane, des figures attérées, tout comme si elles eussent été frappées par un coup de foudre : c'était les meneurs de la candidature Marquiset. Ils se réunirent entre eux, et dans maints conciliabules, comme ces hommes chez qui l'amour-propre a la primauté sur tous les autres sentiments, et qui ne connaissent que cette devise : « Quant même ! », au lieu de s'associer, avec une franchise qui ne pouvait que les honorer, à l'œuvre du comité noir, et à faire acte d'abnégation, ils ne cherchèrent qu'à aigrir toutes choses et à neutraliser l'effet produit par la proclamation dont nous avons publié le texte. Cette misérable affiche pouvait compromettre le succès de Marquiset, et son échec eût été pour Galtier un acheminement vers la déroute. Mais ce dernier, nouvel homme au cœur léger, pouvait-il douter de ses électeurs ? Comme un pilote habile et présomptueux, il espérait diriger à son gré la barque électorale et commander aux circonstances, oubliant qu'il pouvait échouer contre les récifs de la volonté humaine.

Marquiset, abattu, découragé, se sentit réconforté par le sang-froid et l'assurance du député qui lui reprochait durement sa faiblesse.

— Ne suis-je pas avec vous, s'écriait-il ? Eh bien, pourquoi vous lamenter ainsi, lorsque la victoire est certaine ?

— A propos, il me vient une idée, continua Galtier. Vous feriez bien, je crois, de télégraphier au vicomte pour lui demander l'autorisation d'afficher que sa démission est bien irrévocable. Ce n'est là qu'un surcroit de précaution, une mesure superflue, mais il est bon néanmoins de l'utiliser. M. de la Brunetière ne peut que confirmer ce qu'il a dit et écrit aux maires du canton et à ses amis ; nous publierons partout sa réponse et le fameux placard du comité noir n'aura plus raison d'être ; personne n'osera le prendre au sérieux et y voir autre chose qu'une fumisterie...

— Excellente idée, en effet, cher député ; vous êtes vraiemment un homme de ressources, exclama Marquiset. Que d'obligations je vous dois... Je ne sais vraiment comment je pourrai m'acquitter envers vous.

— Ne parlons pas de cela, reprit Galtier, je vous suis également redevable... Entre amis, on ne note point les services que l'on peut se rendre mutuellement.

Marquiset envoya donc au vicomte, sur le conseil du député, ce télégramme :

« Candidat parce que vous avez déclaré démission irré-
« vocable, cependant on affiche proclamation pour vous ;
« m'autorisez-vous à faire afficher votre refus. »

Cette manœuvre était adroite, et l'esprit subtil de Galtier se reconnaissait là tout entier. — Pourquoi provoquer une dépêche de M. de la Brunetière, après la publicité que ce dernier avait eu soin de faire donner à une détermination bien arrêtée de n'accepter aucun mandat? Cette démarche aurait eu sa raison d'être si le vicomte, après sa déclaration formelle, avait de nouveau posé sa candidature; mais, comme il n'était pour rien dans l'œuvre de réparation entrepris par le comité noir, à son insu, elle ne pouvait qu'être maladroite, tout en produisant les résultats attendus.

La réponse de M. de la Brunetière ne se fit pas attendre. Quelques heures après, Marquiset recevait, en effet, une dépêche ainsi conçue :

« Je vous le répète : j'ai écrit ou télégraphié à plus de vingt personnes que je n'accepterais pas, suppliant les électeurs de ne pas perdre leur vote. Affichez ce que vous voudrez.

« Vicomte de la BRUNETIÈRE. »

C'est ainsi que le vicomte fournissait lui-même, à ses adversaires politiques, l'arme la plus redoutable, le glaive qui devait abattre d'un seul coup le comité noir. « C'en est fait de ce comité mort-né, disait Galtier, nous pouvons maintenant dormir sur nos deux oreilles. » A son instigation, le placard suivant fut affiché dans toutes les communes, par les soins des maires :

« ÉLECTION D'UN CONSEILLER GÉNÉRAL POUR LE CANTON
« DE MARCELLIN-SUR-CUMANE.

« Messieurs les électeurs,

« L'intention formellement exprimée par M. de la Brunetière de n'accepter aucun nouveau mandat étant contestée par quelques-uns, je suis autorisé à publier la dépêche que je viens de recevoir de Paris, datée du 9 janvier, huit heures du matin :

« Je vous le répète : j'ai écrit ou télégraphié à plus de
« vingt personnes, que je n'accepterais pas, suppliant les
« électeurs de ne pas perdre inutilement leurs votes. Affi-
« chez ce que vous voudrez.

« Vicomte DE LA BRUNETIÈRE. »

« Et déjà la même résolution était nettement formulée dans la circulaire, dont il a été adressé, cette semaine, trois exemplaires à chacun des dix-sept maires du canton, et qui se termine ainsi :

« Je vous remercie bien profondément et de tout mon
« cœur de vos constants témoignages d'affection et de
« confiance, mais je vous prie en même temps de ne plus
« m'honorer de vos votes ; je n'accepterai plus rien et ma
« résolution est irrévocable. »

« Signé : Vicomte de la BRUNETIÈRE.
« Pour copie conforme : MARQUISET,
« Maire de Marcellin-sur-Cumane. »

La publication de cette pièce, dont l'importance ne saurait échapper à personne, faisait, en effet, une situation désespérée à ce pauvre comité noir, bafoué, ridiculisé, dont les efforts avortaient piteusement. Mais ses membres, gens tenaces, ne se tinrent cependent pas pour battus. Là, où d'autres auraient livré la place et laissé le champ libre à leurs ennemis politiques, comme ces chevaliers qui, lors des croisades, vendaient chèrement leur vie pour une cause sainte et préféraient succomber plutôt que de se rendre, ils restèrent fermes à leur poste, inébranlables dans leurs convictions.

Dans le passage de la circulaire de M. de la Brunetière que Marquiset avait reproduit dans le placard ci-dessus, on avait eu soin d'omettre cette phrase significative, par laquelle le vicomte motivait d'une façon très-claire son refus : « Quoiqu'il arrive.... je ne ne saurais vous exposer. mes chers concitoyens, à de nouvelles injures à l'occasion de vos votes en ma faveur... ». On comprendra sans peine le motif de cette omission.

Le comité noir avait eu aussi la douleur d'apprendre que, dans quelques communes, ses proclamations avaient été lacérées et notamment à Lattier-les-Fauries, où un fonctionnaire public avait poussé le cynisme jusqu'à faire constater qu'il était bien l'auteur du délit et qu'il ne fallait l'imputer à personne autre qu'à lui. Cette nouvelle avait soulevé un cri de réprobation générale et il faut convenir que c'est là un genre de procédé que le libéralisme a toujours flétri sous les régimes oligarchiques.

Nous serons peut-être battus, s'écriait Argus, mais du moins nous aurons la satisfaction de compter le nombre des gens de cœur.

Pour parer au coup mortel qui venait de lui être porté, le comité noir se contenta de faire afficher ces lignes, reproduites seulement à quelques exemplaires par un appareil autographique des plus primitifs, à défaut d'imprimerie.

> « Concitoyens électeurs,
>
> « N'écoutez pas les manœuvres de la dernière heure.
>
> « Votez tous, pour M. de la Brunetière,
>
> « C'est un devoir sacré ! Rappelez-vous que votre honneur est engagé à la réussite de son élection. »
>
> « LE COMITÉ. »

C'était alors la veille du scrutin et il n'y avait pas moyen de faire mieux. Jamais les rues de la ville de Marcellin-sur-Cumane n'avaient présenté une pareille animation. Tandis qu'Argus, transformé pour la circonstance en afficheur public collait lui-même ses placards tenant en mains un immense pot à colle et provoquant partout le rire, Galtier se tenait sur la brèche prêt à donner le signal de l'assaut.

Dans cette ravissante promiscuité, on voyait apparaître le capitaine de la Villardière allant, clopin clopant, d'un groupe à l'autre, donner ses instructions et se désiner la silhouette du docteur Chambarand, plus connu dans le monde des lettres sous le pseudonyme de solitaire, épiant d'un regard furtif les douteux et les suspects. — De temps à autre, Marquiset se montrait à la foule pour donner un peu de calorique à ses disciples.

— Voyez-vous, mon cher, lui disait Galtier avec enjouement et gaîté, jamais succès ne sera plus éclatant. Et, caressant familièrement l'épaule de son candidat, il ajoutait : Marcellin-sur-Cumane donnera peut-être une faible minorité, mais quant à la campagne, j'en réponds... A peu près, tous les maires sont pour nous ; par conséquent, tout est dans le sac ! D'ailleurs, s'il y a encore quelques endurcis, je vais tacher de les convertir.

Et on voyait, en effet, le député prodiguer ses compliments, de ci, de là, tendre la main à droite et à gauche, arpenter le terrain au bras de gens plus ou moins véreux ; en un mot, faire l'aimable avec tous. Ne prêchait-il pas un peu dans le désert ? C'est ce que nous saurons bientôt.

Marquiset avait juré, — en matière électorale, c'était une imprudence — par ses grands dieux, que s'il n'obtenait pas la majorité dans sa ville, il résignerait ses fonctions de maire. C'était un moyen de séduire les réfractaires.

De son côté, le comité noir ne restait pas inactif. Plus il sentait les forces de ses adversaires augmenter en nombre, plus il se multipliait et redoublait de zèle et de dévouement, disputant pied à pied un terrain qu'il voyait cependant s'effondrer sous ses pas. C'était presque partout de la froideur qu'il rencontrait, et des réserves telles qu'on serait tenté de les qualifier de lâchetés. Pouvait-il cependant s'attendre à autre chose ? Non, au point de vue de la logique. Si les uns se montraient prudents, c'est que la présence de Galtier les intimidait ; si d'autres paraissaient péu enthousiastes pour une cause dont ils avaient cependant bien compris le caractère, cela pouvait être une feinte et on ne pouvait déduire de ces apparences que tous ceux-là n'étaient point des néophytes.

A Marcellin-sur-Cumane, tout effort eût été peine perdue, parce que, dès le premier jour de la lutte, l'opinion genérale était faite. Dans les campagnes, au contraire, il y avait de nombreuses hésitations nées à la suite d'équivoques. La plupart des paysans n'avaient pas été instuits des faits passés. Dans quelques communes même — on ne sait trop le comment et le pourquoi, — les proclamations du comité noir n'avaient pas été affichées... La, il y aurait eu encore beaucoup à faire ; mais nous sommes à la veille du scrutin, il n'est plus temps !

VI

PENDANT ET APRÈS LE VOTE

Nous voici arrivé au jour des hostilités.

Galtier, dérogeant, pour une fois, à ses habitudes, était

matinal, car, dès l'aube, on le voyait à la parade aux abords de l'hôtel-de-ville.

Le ciel s'assombrissait de plus en plus et bientôt une pluie fine ne tarda pas à tomber. Galtier vit là un sinistre présage et il eût comme le terrible pressentiment d'une défaite, lui, qui avait espéré se lever avec un radieux soleil. Les dieux seraient-ils contre nous, s'écria-t-il tremblant? Il garda cependant pour lui seul sa remarque qui avai bien pu lui être suggérée par quelques vieux restes de superstition et fit bonne contenance toute la journée.

L'aspect de la cité contrastait fortement avec le mouvement de la veille. Chacun allait remplir silencieusement son devoir de citoyen. Les établissements publics bénéficiaient seuls du mauvais temps. C'était là que s'engageaient les paris, que s'escomptaient les résultats. Les bookmakers électoraux opinaient généralement en faveur de Marquiset qui avait, disaient-ils, bien dix chances contre une. Le premier organe de la presse Lyonnaise : « Le *Républicain de Lyon* », en bon prophète, annonçait d'ailleurs que « son élection était certaine ». Qui aurait oser en douter après cela ?...

. . . .

L'horloge du vieux clocher de la ville venait de tinter six heures, lorsqu'un roulement de tambour annonça, aux habitants de Marcellin-sur-Cumane, que le dépouillement allait commencer.

La salle du scrutin était déjà bondée de monde et une foule d'électeurs, qui n'avaient pu trouver place, se pressaient aux portes, impatients d'attendre les résultats de cet intéressant tournoi électoral. Qu'allait-il sortir de cette boîte à surprises, qui renfermait d'impénétrables secrets ? C'était la question que chacun se formulait. L'émotion gagnait tous les cœurs et, sous ces poitrines haletantes, on sentait vibrer des fibres cachées qui, jusqu'alors, ne s'étaient point manifestées et se produire les sentiments les plus divers. Ces masses, avides de curiosité et d'émotions, s'échauffaient peu à peu à l'approche du moment solennel, comme ces étudiants qui, ne se possédant plus, se bousculent dans un amphithéâtre de faculté, pour entendre proclamer les résultats d'un examen.

Les passions atteignaient alors leur maximum d'intensité et chacun exprimait clairement et librement son opinion.

Dans l'hémicycle surtout circulaient les partisans de Marquiset, qu'il était facile de distinguer à leur visage hâve et à leur regard perplexe. Quant au flot populaire, il se prononçait ouvertement pour M. de la Brunetière et désirait ardemment son succès.

Des estafettes se trouvaient là aussi en permanence, prêtes à partir, au premier signal, pour publier, dans toutes les directions, l'écrasante défaite du vicomte. Galtier avait préféré, lui, savourer son triomphe entre deux rafraîchissements. Dans ce but, il s'était réfugié au cercle de la Solidarité, où il attendait dans un doute anxieux qu'un valet vint déposer à ses pieds les trophées de la victoire.

Un seul membre du comité noir s'était rendu au dépouillement ; c'était le jeune de Serres, qui assistait là à une opération palpitante d'intérêt et d'émotion.

Les bourdonnements de cette foule houleuse, comme un lac qui se ressent des contre-coups de la tempête, cessèrent subitement, dès que le président du bureau électoral eût déclaré, d'une voix grave et solennelle, le scrutin clos et terminé. Un silence complet régnait dans la salle. La boîte de Pandore ouverte, les bulletins furent comptés et répartis ensuite par centaines ou fractions de centaines, entre les bureaux formés pour le dépouillement.

La proclamation des résultats ne se fit pas attendre.

Les chiffres se décomposaient comme suit : Marquiset, 264 voix ; de la Brunetière, 332 voix.

La majorité de l'assemblée applaudit au fond du cœur. Mais tous, cependant, n'étaient pas contents ! Le docteur Chambarand se rongeait les poings, la face blême, tout comme si on lui eût asséné quelque coup de massue, et beaucoup d'autres partisans de Marquiset étaient consternés. Etait-ce bien possible ! Quoi, voir ainsi blackbouler M. le Maire, dans sa propre ville... C'était là un bien vilain tour de ses administrés !

Une estafette s'était empressée de porter à Galtier et à Marquiset, au cercle de la Solidarité, ce premier résultat.

Marquiset tomba en syncope, en apprenant cette mauvaise nouvelle.

Galtier conserva, au contraire, tout son sang-froid.

— C'était prévu cela, cher Marquiset. A quoi bon vous chagriner ? Ne vous avais-je pas dit que Marcellin-sur-Cumane était douteux ? Mais vous allez voir tout-à-l'heure la campagne !...

Il avait à peine achevé ces mots, qu'un courrier vint lui remettre une dépêche ainsi conçue :

« Les Antonins, 6 h. 1/2 soir. Marquiset, 150 voix ; de la Brunetière, 50 voix.

« LA VILLARDIÈRE. »

— Oh ! soupira Galtier, rayonnant de joie ; ce n'est que la doublure du pardessus que nous adresserons au vicomte ; vous voyez, Marquiset, que vous aviez tort de douter de mes bons paysans. Remettez vos esprits et buvons à ce cher de la Villardière, qui a décidément l'étoffe d'un grand capitaine... A mon premier portefeuille, j'en ferai un gouverneur des Invalides....

Un exprès de Beaumilieu entra bientôt pour communiquer les résultats de sa commune :

Marquiset, 62 voix ; de la Brunetière, 2.

Galtier ne se possédait plus… Ces braves gens, comme ils ont fait leur devoir ! Quelle majorité nous aurons ! Allons, M. le Conseiller général, vos Marcellinois vous ont fait une mauvaise farce, mais ils seront joliment bien volés… Il leur faut un aiguillon, entendez-vous, à ces revêches pour leur retremper le caractère… J'espère bien que vous n'aurez, désormais, pour eux, que les égards qu'ils méritent !..

Marquiset demeurait toujours pensif et ne répondait guère que par signes de tête ou monosyllabes aux réflexions humoristiques de Galtier. Il craignait toujours de voir lui échapper ce mandat qu'il croyait cependant tenir déjà, comme la fumée du londrès exquis qu'il humait à petite bouffées.

Lattier-lès-Fauries, Lamontagne, Hilaire-lès-Rosiers, apportèrent aussi un respectable contingent.

Mais voici le revers de la médaille :

A Chevrière-lès-Tomes, Marquiset n'avait pu recueillir qu'une seule voix, tandis que M. de la Brunetière en comptait 153. Messius, Murinais-lès-bons-vins, avaient fait balle. Vérandière, Chatte, Sône et les Sauveurs, donnaient aussi au vicomte une imposante majorité.

Enfin, une note émanant de la sous-préfecture faisait connaître les chiffres définitifs :

DE LA BRUNETIÈRE, 1444 voix (élu).

MARQUISET, 1341 voix.

Galtier fut terrifié par cette terrible nouvelle. Il se souvint des sinistres pensers qui avaient traversé son cerveau le matin même. De joyeux, il devint taciturne, et, appuyant ses deux coudes sur la table, il laissa reposer sa tête entre ses mains, comme pour couver la colère qui le dévorait intérieurement.

Se relevant tout à coup et frappant du pied :

— Il faut qu'il y ait eu des défections, dit-il, les lèvres écumantes. Malheur aux traîtres et aux parjures ! Ils me la paieront, celle-là.... Je leur conserverai un chien de leur chienne !...

Marquiset pleurait comme un enfant qui vient d'échouer à son premier examen.

— Que de désenchantements ! que de désillusions !... Adieu, beaux rêves d'avenir... O campagnes trompeuses, inéluctable destin ! C'est dit, je ne serai point conseiller général !...

Mille pensées de ce genre assiégeaient ce pauvre Marquiset, qui voyait crouler d'un seul coup ses plus chères espérances. Il s'apercevait, mais trop tard, qu'il est dangereux de badiner avec le suffrage universel, enfant aveugle qui frappe de ces coups redoutables dont on ne se relève point...

Quant à Galtier, il fut long à retrouver son sang-froid. Son cœur saignait encore, brisé par les laves de ce volcan intérieur qui le minait et menaçait de faire irruption. Ses amis même n'osaient l'approcher, tant il était au paroxysme de la fureur. Il ne parlait plus distinctement et sa voix entrecoupée de phrases incohérentes laissait supposer qu'il était en proie à un excès de délirium trémens. Hargneux commun dogue, emporté comme une furie, il ne parlait que d'ennemis, de traîtres, de félons, de vengeance. Son regard était fulminant et son geste menaçant.

Cette fougue se modéra peu à peu, mais la blessure était trop profonde pour qu'elle se cicatrisât sitôt !...

Galtier comprit enfin que cette équipée ne pouvait qu'aggraver le mal, et, sur le conseil du docteur Chambarand, de la race des Tant-pis, il noya son noir chagrin dans la blanche écume de quelques bocks.

La population de Marcellin-sur-Cumane se montra fort enthousiaste en apprenant la réélection de M. de la Brunetière. Des clubs s'étaient formés de toutes parts, et, chose comique, chacun voulait maintenant revendiquer sa part du succès.

Dans les campagnes, ce fut bien autre chose. On célébra, par des feux de joie, le succès du vicomte. On vit même une foule de paysans qui avaient voté pour Marquiset, maugréer contre ceux qui, usant d'artifice, les avaient indignement trompés et témoigner d'une façon bruyante leur mécontentement.

Dès que les résultats furent officiels, le comité noir fit afficher cette adresse de remerciements aux électeurs :

« AUX CITOYENS ÉLECTEURS

« DU CANTON DE MARCELLIN–SUR–CUMANE

« Citoyens électeurs,

« Le comité qui a soutenu la candidature de l'honorable M. de la Brunetière tient à remercier ici publiquement les 1444 électeurs qui ont répondu à son appel. »

« La question de principe était nettement posée, et ni la constante opposition de notre candidat, ni les manœuvres empruntées à l'exécrable régime par nos adversaires politiques ne nous ont empêchés d'accomplir un devoir.

« Il y a quelque chose de plus noble que les personnalités : c'est le point d'honneur ; merci donc, mille fois, merci à vous tous, qui, le bulletin de vote à la main, avez soutenu une sainte cause. »

« Par vos suffrages, vous avez donné à entendre aux intrigants et aux ambitieux, qui avaient organisé la cabale contre votre élu, que ce n'est point impunément qu'on se joue du corps électoral, et que le bon sens public, retouvant son juste rôle, sait toujours se venger des injures qu'on lui adresse. »

« C'est une leçon sans précédent dans nos annales politiques. Vous pouvez à juste droit vous en enorgueillir de de l'avoir donnée et dire avec fierté : *J'étais l'un des 1444.*

« Vive M. de la Brunetière !

« Vive la République !

« Pour le comité électoral :

« Le Président,	« Le Secrétaire,
« ARGUS. »	« DE SERRES. »

En même temps, le comité écrivait à M. de la Bunetière:

« Malgré votre constante opposition, vous avez été réélu conseiller général à une majorité de 103 voix. »

« Jamais, dans nos annales politiques, pareille marque de confiance n'a été donnée à un homme dans de semblables conditions. »

« Devant cette imposante manifestation du suffrage universel, spontanément et librement produite, il ne reste plus qu'à vous incliner et à accepter le nouveau mandat qui vient de vous être confié. »

« Vous agirez ainsi, nous en avons pour garants, les témoignages d'affection et de dévouement que vous avez si souvent donnés à vos compatriotes, et, en particulier, aux habitants de la ville de Marcellin-sur-Cumane. »

« Nous vous prions d'agréer, Monsieur le conseiller général, l'assurance de notre respect et de notre entier dévouement. »

Le vicomte, qui avait combattu si ouvertement sa réélection, se montra néanmoins fort touché de cette marque éclatante de sympathie qu'il recevait du corps électoral. Il comprit que son opposition avait été, non seulement inefficace, mais encore maladroite, car, après tout, avait-il le droit d'entraver la liberté d'action de ses électeurs ? Assurément, non. Ceux-ci venaient de relever le gant, de faire acte de citoyens libres et indépendants, d'infliger à des politiciens égoïstes qui croyaient se servir d'eux comme de marche-pieds à leur ambition !... Qui saurait les blâmer ?...

M. de la Brunetière n'avait pu, jusqu'à ce jour, obtenir de Manuel la réparation demandée, les témoins de ce dernier ayant constamment déclaré que leur mandant n'avait point dépassé les licences permises en matière politique. Le suffrage universel avait fait bonne justice de cette plausible raison...

Manuel comprit ses torts en apprenant le succès du vicomte, auquel il était si loin de s'attendre. Il regretta sa conduite passée et jura, mais un peu tard, que Galtier ne l'y reprendrait plus

Sans revenir sur une détermination si souvent déclarée irrévocable, M. de la Brunetière adressa au Comité qui avait soutenu sa candidature, la touchante missive que l'on va lire :

« Mes bien chers Concitoyens,

« Votre énergique protestation m'a profondément surpris et ému, jusqu'au fond de l'âme.

« Je savais que l'esprit politique de notre brave et beau Dauphiné n'était pas mort, comme on l'a dit injustement, mais j'avais si souvent déclaré mon refus d'accepter de nouveau le mandat de conseiller général, que j'étais loin de m'attendre à cette éclatante manifestation. »

« Un pareil témoignage d'estime et de confiance met le comble à ma reconnaissance ; j'en suis fier autant qu'on peut l'être, et mes enfants, comme moi, le garderont éternellement dans leur cœur reconnaissant. »

« Mais, ma réélection ne peut et ne doit être considérée que comme une protestation ! Laissez-moi faire mon devoir jusqu'au bout. Il est tout tracé, après ce que j'ai dit, écrit et télégraphié. Si, cédant aujourd'hui à un sentiment d'orgueil, j'avais la faiblesse de revenir sur une résolution, que j'ai déclarée si souvent irrévocable, je me rendrais indigne de votre estime et de votre affection et j'y tiens plus qu'à tous les mandats, quelle que soit leur honorabilité.

« Croyez-moi, d'ailleurs, mes chers concitoyens, pour être véritablement utile, aujourd'hui, il faut appartenir à un certain parti et je ne suis d'aucune église, si ce n'est de celle où l'on conserve, comme une relique sacrée, tous les sentiments de patriotisme, de dévouement et d'honneur.

« Je suis à vous corps et âme.

« Vicomte DE LA BRUNETIÈRE. »

L'œuvre du comité noir était terminée.

Cette élection présente un caractère qui n'échappera pas à nos lecteurs. C'est un acte d'émancipation, en ce sens que la volonté a dû réagir fortement contre des influences extérieures qui la détenaient captive, pour se manifester librement. Elle est d'un bon augure pour l'avenir.

Le jour où le peuple, s'inspirant de ce précédent, saura, lui aussi, s'affranchir des coteries et des sots préjugés, soulever le masque hypocrite dont s'affublent le mensonge et la tartuferie ; le jour, dis-je, où l'instruction aura projeté ses lumières dans le hameau et dans la chaumière les plus reculés, et répandu dans nos campagnes de France son action bienfaisante ; eh bien, ce jour là, le suffrage universel ne sera plus, comme le disait injustement Flaubert, la honte de l'esprit humain, mais au contraire la plus noble prérogative de la raison humaine, l'application libre et réfléchie d'un principe.

Talence, imp. Talentinoise